¿Dónde vivo?

Fiona Undrill

Heinemann LIBRARY

Where I Live

www.heinemann.co.uk/library
Visit our website to find out more information about Heinemann Library books.

To order:
☎ Phone 44 (0) 1865 888066
   Send a fax to 44 (0) 1865 314091
📄 Visit the Heinemann Bookshop at www.heinemann.co.uk/library to browse our
💻 catalogue and order online.

First published in Great Britain by Heinemann Library, Halley Court, Jordan Hill, Oxford, OX2 8EJ, part of Pearson Education. Heinemann is a registered trademark of Pearson Education Ltd.

© Pearson Education Ltd 2008
First published in paperback in 2008
The moral right of the proprietor has been asserted.

Editorial: Charlotte Guillain
Design: Joanna Hinton-Malivoire
Picture research: Ruth Blair
Production: Duncan Gilbert

Printed and bound in China by
Leo Paper Group.

ISBN 9780431990309 (hardback)
12 11 10 09 08
10 9 8 7 6 5 4 3 2 1

ISBN 9780431990408 (paperback)
12 11 10 09 08
10 9 8 7 6 5 4 3 2 1

British Library
Cataloguing in Publication Data
Undrill, Fiona
¿Dónde vivo? = Where we live. - (Spanish readers)
1. Spanish language - Readers - Dwellings 2. Dwellings - Juvenile literature 3. Vocabulary - Juvenile literature
I. Title
448.6'421
A full catalogue record for this book is available from the British Library.

Acknowledgements
The publishers would like to thank the following for permission to reproduce photographs:
©Alamy p. **16** (Ferruccio), **20** (FrameZero); © Corbis pp. **6** (David Vintiner/zefa), **9** (Emmanuel Fradin/Reuters), **11** (Royalty Free); © Getty Images pp. **3**, **4** (Photodisc); © Harcourt Education pp. **12** (Tudor Photograhy); © istockphoto pp. **8**, **19**, **22**, **18** (Mayer), **7** (Bernardlo), **7** (Berryspun); © Photodisc p. **7**; © 2007 Jupiter Images Corporation pp. **7**, **14**.

Cover photograph of a street in Andalusia reproduced with permission of Getty Images (Photodisc).

Every effort has been made to contact copyright holders of any material reproduced in this book. Any omissions will be rectified in subsequent printings if notice is given to the publishers.

Contenido

Try to read the question and choose an answer on your own.

¿Dónde está?

a en la carnicería

b en la panadería

c en la biblioteca

d en la oficina de correos

Pistas
1. Aquí puedes comprar pan y *croissants*
2 En la imagen vemos pan francés.

You might want some help with text like this.

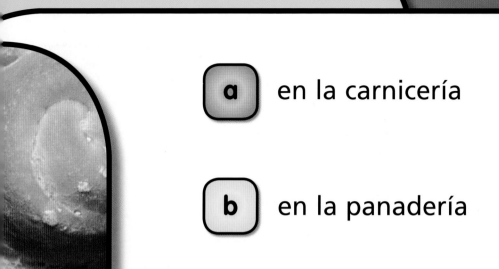

a en la carnicería

b en la panadería

c en la biblioteca

d en la oficina de correos

 Pistas

1. Aquí puedes comprar pan y *croissants*.
2. En la imagen vemos pan francés.

 **Respuesta**

b en la panadería

¿Te gusta el pan?

 un *croissant*

 un pan francés

 un pastelito con pasas

 pan dulce

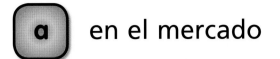 **en el mercado**

b en la iglesia

c en el supermercado

d en el colegio

 ## Pista

1. Aquí puedes comprar pan, fruta, verduras, ropa, libros, etc.

Respuesta

c en el supermercado

Cantidad de diferentes cosas en el supermercado

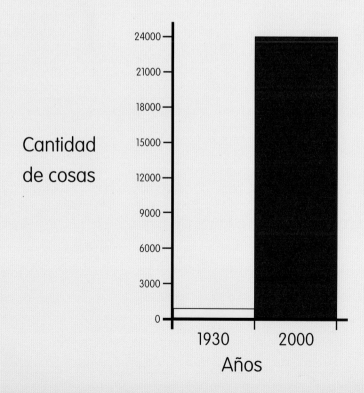

a en el almacén

b en un café

c en la biblioteca

d en un hotel

 Pista

1. Aquí puedes tomar prestados libros, CD y DVD.

☑ Respuesta

c en la biblioteca

La biblioteca más grande del mundo

La Biblioteca del Congreso
(Washington, Estados Unidos)

Hay:

- 128 millones de documentos;
- 350 000 m² de biblioteca;
- 850 km de estantes.

850 km

¿Dónde está?

a en la oficina de correos

b en un castillo

c en un colegio

d en un supermercado

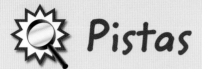 **Pistas**

1. Aquí puedes comprar sellos.
2. Aquí encontrarás un buzón.

Respuesta

 en la oficina de correos

Imágenes en los sellos

- jugadores de fútbol
- planetas
- animales
- insectos
- trenes
- aeroplanos
- actores

a en la panadería

b en el mercado

c en un café

d en la estación de trenes

 Pista

1. Aquí vienes para viajar en tren.

Respuesta

d en la estación de trenes

Algunos trenes rápidos

Tren	País	Velocidad máxima
TGV	Francia	575 km/h (2007)
maglev	Japón	581 km/h (2003)
Eurostar	Reino Unido	335 km/h (2003)

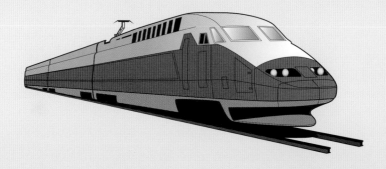

Vocabulario